AF188916

Impressum
Verlag: BABADADA GmbH, Nedderfeld 112 , 22529 Hamburg
Geschäftsführer / Verlagsleitung: Harald Hof
Druck: Books on Demand GmbH, In de Tarpen 42, 22848 Norderstedt

Imprint
Publisher: BABADADA GmbH, Nedderfeld 112 , 22529 Hamburg, Germany
Managing Director / Publishing direction: Harald Hof
Print: Books on Demand GmbH, In de Tarpen 42, 22848 Norderstedt

l'école

学校

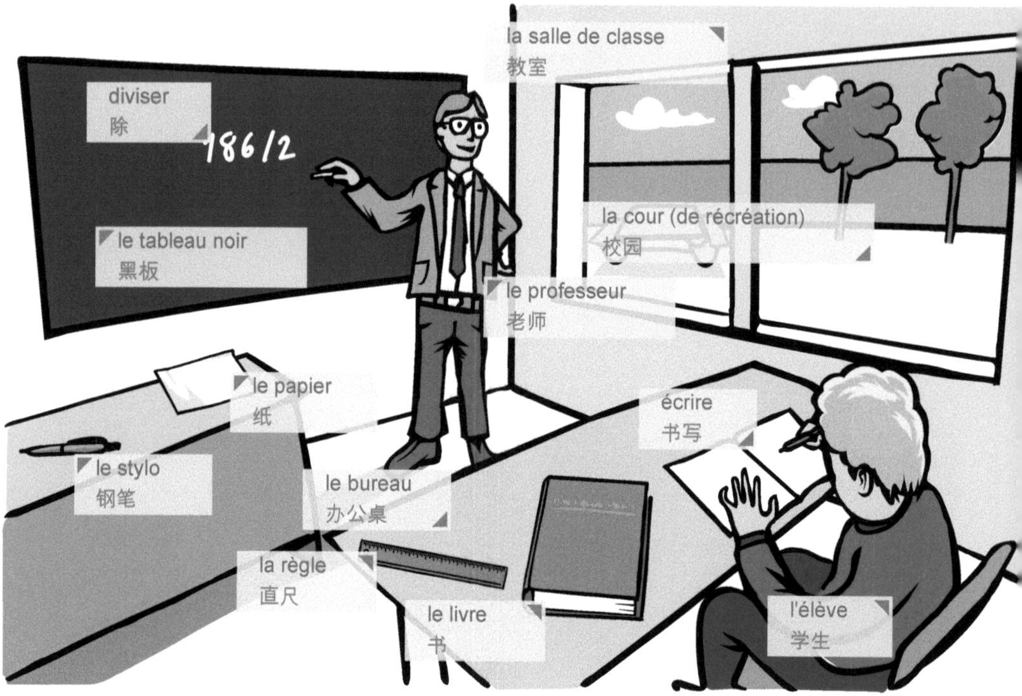
la salle de classe
教室
diviser
除
186/2
le tableau noir
黑板
la cour (de récréation)
校园
le professeur
老师
le papier
纸
écrire
书写
le stylo
钢笔
le bureau
办公桌
la règle
直尺
le livre
书
l'élève
学生

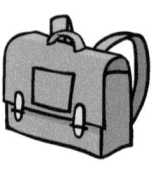

le cartable
书包

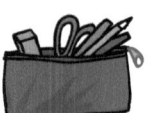

la trousse
铅笔盒

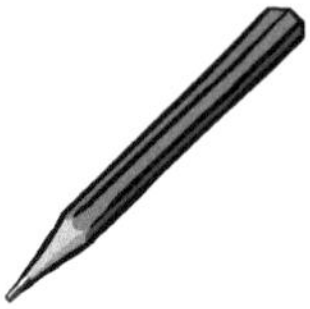

le crayon
铅笔

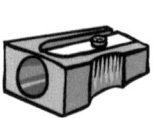

le taille-crayon
卷笔刀

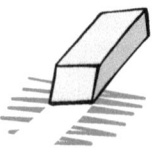

la gomme
橡皮擦

le carnet à dessin
画板

le dessin

图画

le pinceau

画笔

la boîte de peinture

颜料盒

les ciseaux

剪刀

la colle

胶水

le cahier d'exercices

练习册

les devoirs

家庭作业

le chiffre

数字

additionner

加

soustraire

减

multiplier

乘

calculer

计算

la lettre

字母

l'alphabet

字母表

le mot

字

le texte

课文

lire

读

la craie

粉笔

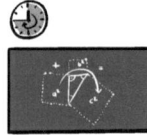

la leçon

上课

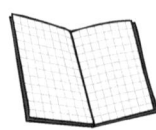

le livre de classe

登记

l'examen

考试

le certificat

证书

l'uniforme scolaire

校服

la formation

教育

le lexique

百科全书

l'université

大学

le microscope

显微镜

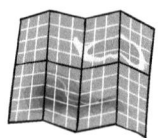

la carte

地图

la corbeille à papier

废纸筐

le voyage
旅行

l'hôtel
酒店
Grand
l'auberge
青年旅社
ROOMS
le bureau de change
外币兑换处
CHANGE
la valise
手提箱
la voiture
汽车

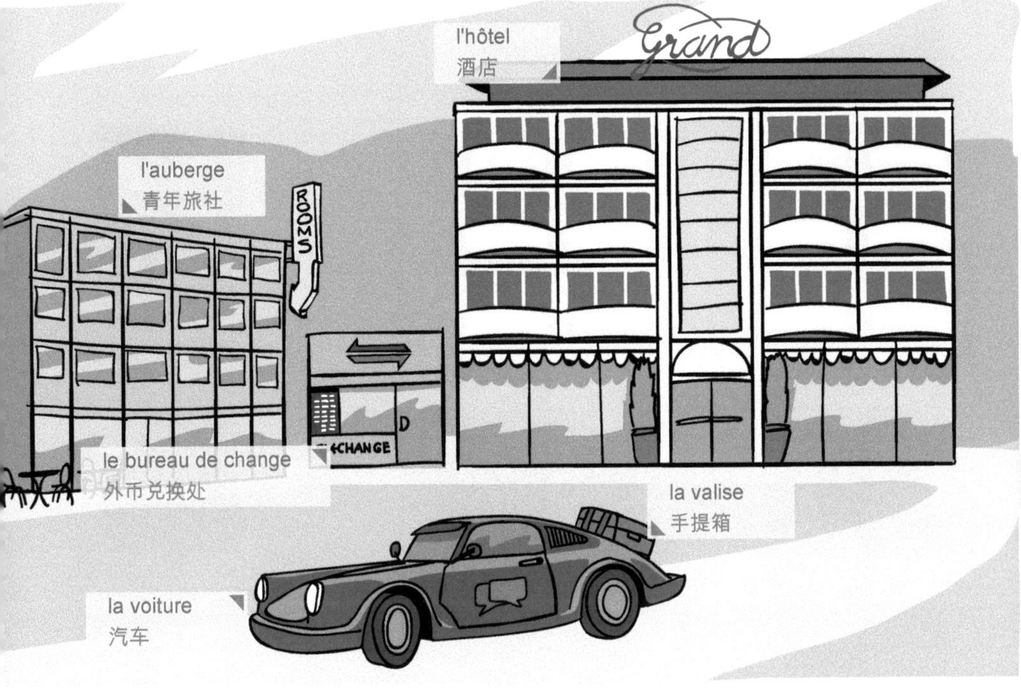

la langue

语言

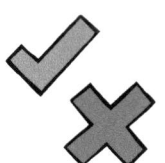

oui / non

是/否

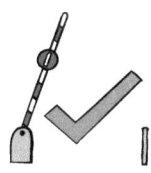

d'accord

好的

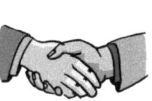

Salut

您好

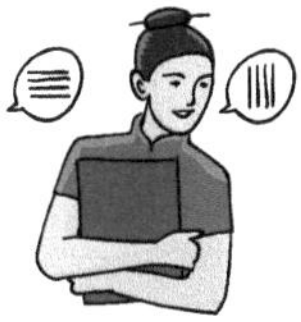

l'interprète

翻译员

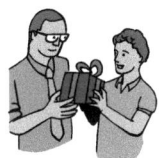

merci

谢谢

Combien coûte...?

......多少钱？

Je ne comprends pas

我不明白

le problème

问题

Bonsoir !

晚上好！

Bonjour !

早上好！

Bonne nuit !

晚安！

Au revoir

再见

la direction

方向

les bagages

行李

le sac

包

le sac-à-dos

双肩包

l'hôte

客人

la pièce

房间

le sac de couchage

睡袋

la tente

帐篷

l'office de tourisme

旅游信息

la plage

海滩

la carte de crédit

信用卡

le petit-déjeuner

早餐

le déjeuner

午餐

le dîner

晚餐

le billet

票

l'ascenseur

电梯

le timbre

邮票

la frontière

边界

la douane

海关

l'ambassade

大使馆

le visa

签证

le passeport

护照

le voyage - 旅行

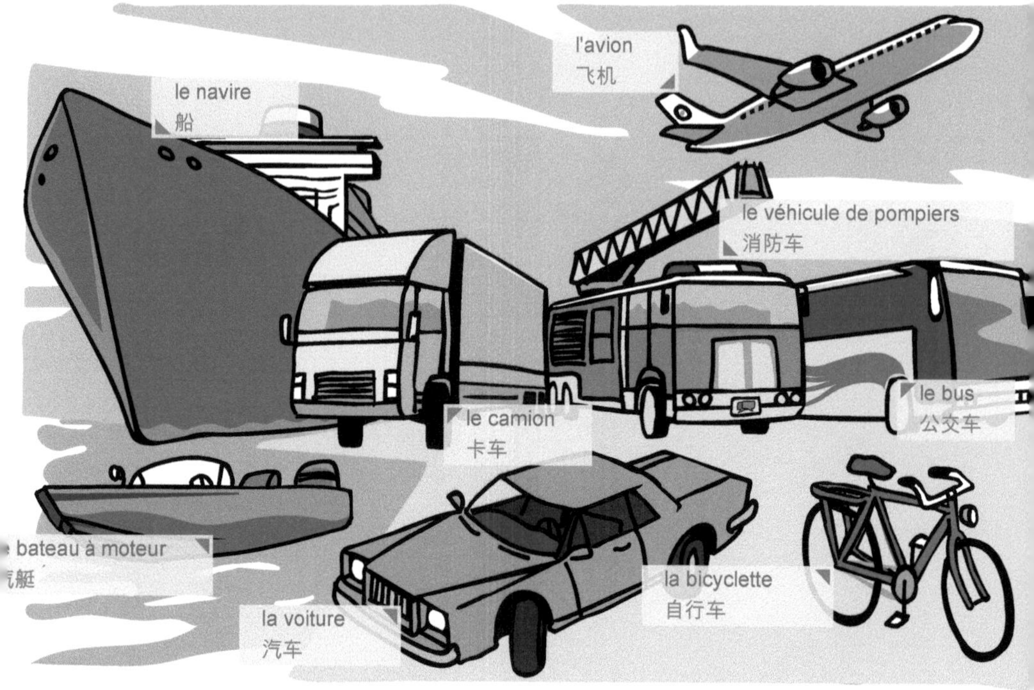

le transport
交通运输

l'avion
飞机

le navire
船

le véhicule de pompiers
消防车

le bus
公交车

le camion
卡车

bateau à moteur
汽艇

la voiture
汽车

la bicyclette
自行车

le ferry

摆渡船

la barque

小船

la moto

摩托车

la voiture de police

警车

la voiture de course

赛车

la voiture de location

租车

l'auto-partage

拼车

la voiture de remorquage

拖车

la benne à ordures

垃圾车

le moteur

发动机

l'essence

汽油

la station d'essence

加油站

le panneau indicateur

交通标志

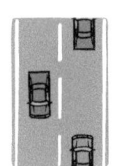

le trafic

交通

l'embouteillage

交通堵塞

le parking

停车场

la gare

火车站

les rails

轨道

le train

火车

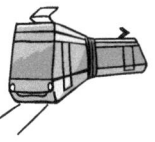

le tramway

电车

le wagon

货车

l'hélicoptère

直升机

l'aéroport

机场

la tour

塔

le passager

乘客

le conteneur

集装箱

le carton

纸板箱

le chariot

手推车

la corbeille

篮子

décoller / atterrir

起飞/降落

la ville

城市

le village

村庄

le centre-ville

市中心

la maison

房子

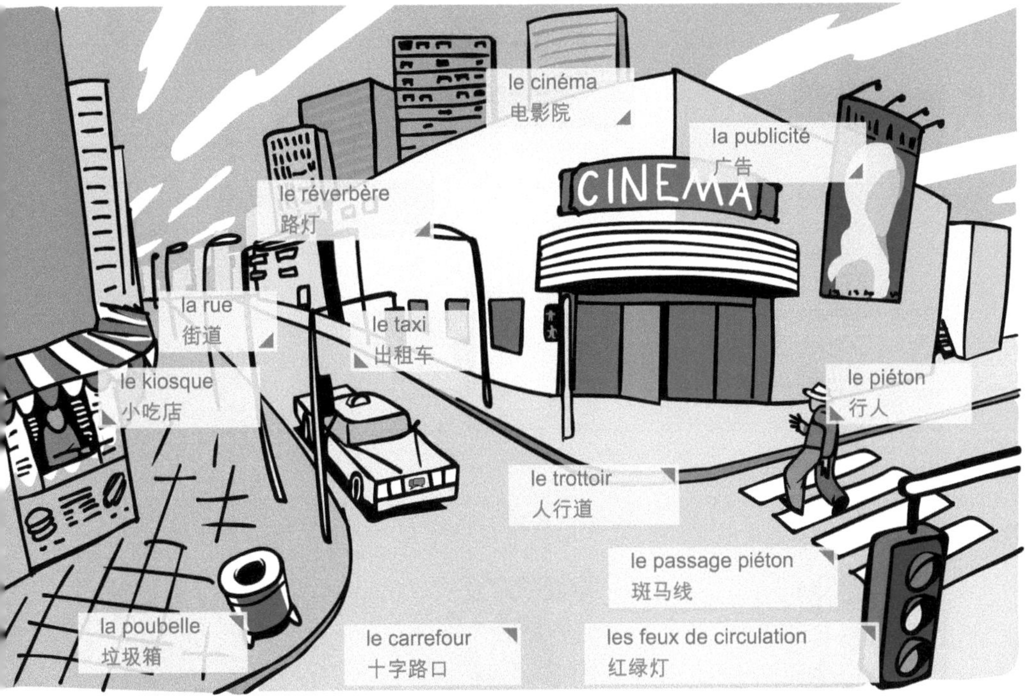
le cinéma
电影院
la publicité
广告
CINEMA
le réverbère
路灯
la rue
街道
le taxi
出租车
le kiosque
小吃店
le piéton
行人
le trottoir
人行道
le passage piéton
斑马线
la poubelle
垃圾箱
le carrefour
十字路口
les feux de circulation
红绿灯

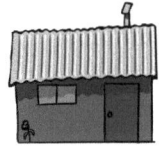

la cabane

小屋

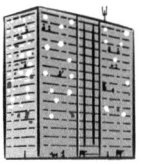

l'appartement

公寓

la gare

火车站

la mairie

市政厅

MUSEUM

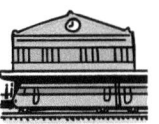

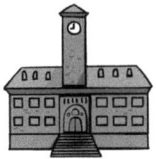

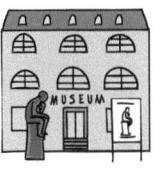

le musée

博物馆

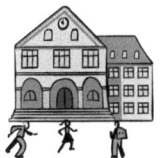

l'école

学校

l'université

大学

la banque

银行

l'hôpital

医院

l'hôtel

酒店

la pharmacie

药房

le bureau

办公室

la librairie

书店

le magasin

商店

le fleuriste

花店

le supermarché

超市

le marché

市场

le grand magasin

百货商店

la poissonnerie

鱼店

le centre commercial

购物中心

le port

海港

le parc

公园

la banque

长凳

le pont

桥

les escaliers

楼梯

le métro

地铁

le tunnel

隧道

l'arrêt de bus

公交车站

le bar

酒吧

le restaurant

餐馆

la boîte à lettres

邮筒

le panneau indicateur

路标

le parcmètre

停车计时器

le zoo

动物园

le réverbère

游泳馆

la mosquée

清真寺

la ferme

农场

la pollution

污染

la cimetière

墓地

l'église

教堂

l'aire de jeux

操场

le temple

寺庙

le paysage

地形

la feuille
树叶

le panneau indicateur
指示牌

le chemin
路

le pré
草地

la pierre
石头

l'arbre
树

le randonneur
徒步旅行者

la rivière
河

l'herbe
草

la fleur
花

la vallée

峡谷

la montagne

山

le lac

湖

la forêt

森林

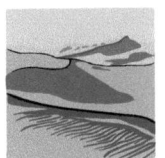

le désert

沙漠

le volcan

火山

le château

城堡

l'arc-en-ciel

彩虹

le champignon

蘑菇

le palmier

棕榈树

le moustique

蚊子

la mouche

苍蝇

les fourmis

蚂蚁

l'abeille

蜜蜂

l'araignée

蜘蛛

le coléoptère

甲虫

la grenouille

青蛙

l'écureuil

松鼠

le hérisson

刺猬

le lièvre

野兔

la chouette

猫头鹰

l'oiseau

鸟

le cygne

天鹅

le sanglier

野猪

le cerf

鹿

l'élan

麋鹿

le barrage

水坝

l'éolienne

风力发电机

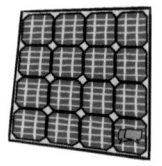

le panneau solaire

太阳能电池板

le climat

气候

le restaurant

餐馆

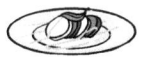

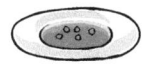

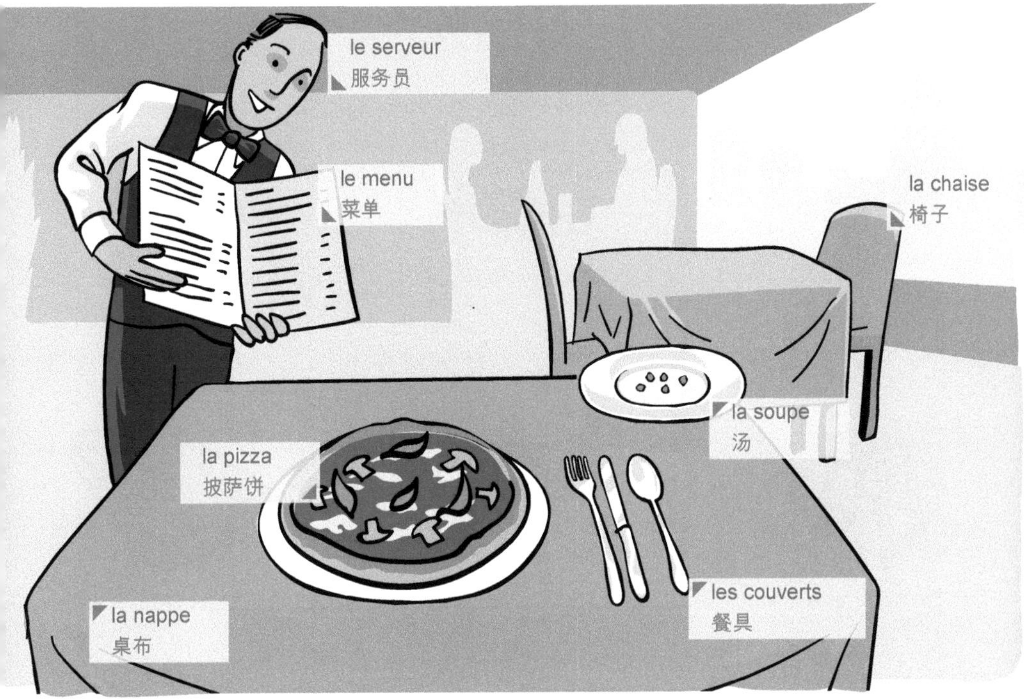

le serveur
服务员
le menu
菜单
la chaise
椅子
la soupe
汤
la pizza
披萨饼
les couverts
餐具
la nappe
桌布

les hors d'œuvre

前菜

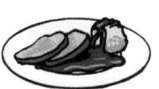

le plat principal

主菜

le dessert

甜点

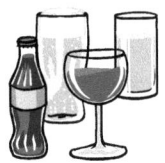

les boissons

饮料

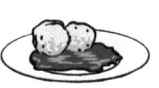

l'alimentation

食物

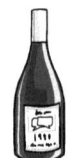

la bouteille

瓶子

le fast-food

快餐

les plats à emporter

街边小吃

la théière

茶壶

le sucrier

糖盒

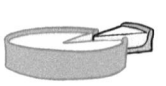

la portion

一份饭菜

la machine à expresso

意式咖啡机

la chaise haute

高脚椅

la facture

账单

le plateau

托盘

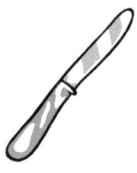

le couteau

刀

la fourchette

餐叉

la cuillère

勺子

la cuillère à thé

茶匙

la serviette

餐巾

le verre

玻璃杯

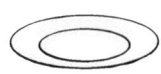

l'assiette
碟子

l'assiette à soupe
汤盘

la soucoupe
碟子

la sauce
酱

la salière
盐瓶

le moulin à poivre
胡椒磨

le vinaigre
醋

l'huile
食用油

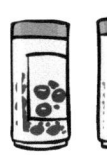

les épices
调味料

le ketchup
番茄酱

la moutarde
芥末

la mayonnaise
蛋黄酱

le supermarché
超市

l'offre promotionnelle
特价
FOR
le client
顾客
les produits laitiers
乳制品
les fruits
水果
le chariot
购物车

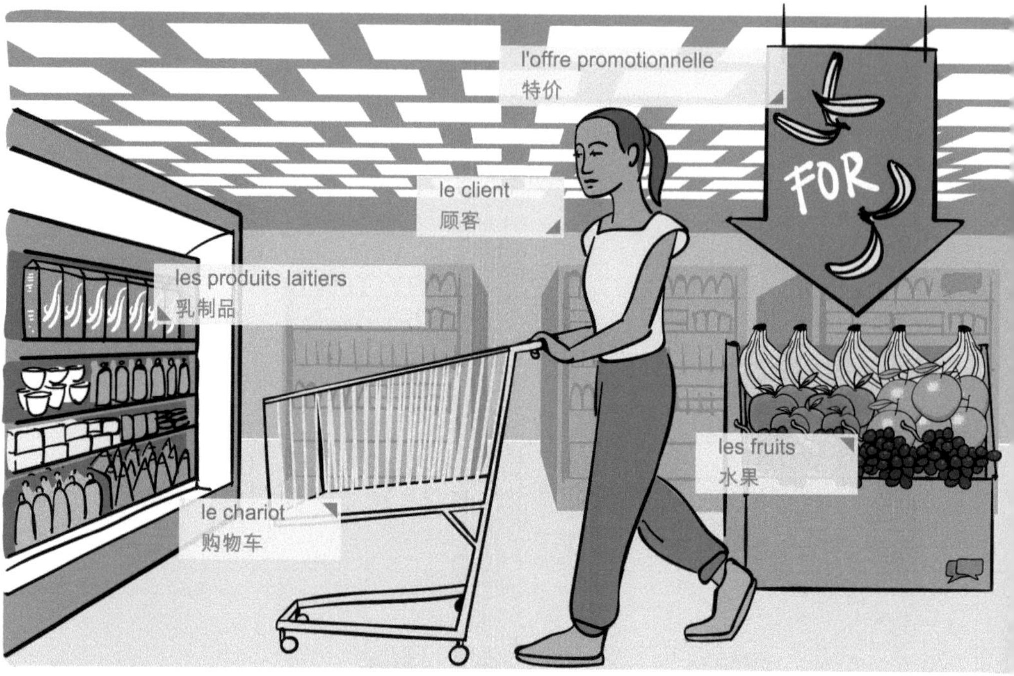

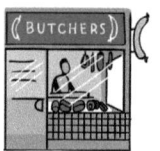

BUTCHERS

la boucherie
肉铺

BAKERY

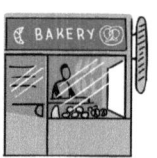

la boulangerie
面包房

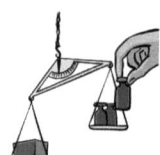

peser
称重

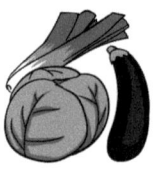

les légumes
蔬菜

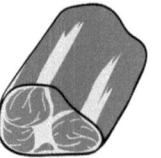

la viande
肉

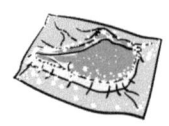

les aliments surgelés
冷冻食品

la charcuterie

冷盘

les conserves

罐头食品

la poudre à lessive

洗衣粉

les bonbons

甜食

les articles ménagers

日用品

les détergents

清洁用品

la vendeuse

销售员

la caisse

收银机

le caissier

收银员

la liste d'achats

购物清单

les heures d'ouverture

开放时间

le portefeuille

钱包

la carte de crédit

信用卡

le sac

袋子

le sac en plastique

塑料袋

le supermarché - 超市

l'eau

水

le jus de fruit

果汁

le lait

牛奶

le coca

可乐

le vin

红酒

la bière

啤酒

l'alcool

酒

le chocolat chaud

可可

le thé

茶

le café

咖啡

l'expresso

意式浓缩咖啡

le cappuccino

卡布奇诺

la banane

香蕉

la pomme

苹果

l'orange

橙子

le melon

西瓜

le citron.

柠檬

la carotte

胡萝卜

l'ail

大蒜

le bambou

竹子

l'oignon

洋葱

le champignon

蘑菇

les noisettes

坚果

les pâtes

面条

les spaghetti

意大利面条

le riz

米饭

la salade

沙拉

les pommes frites

薯条

les pommes de terre rôties

炸土豆

la pizza

披萨饼

le hamburger

汉堡包

le sandwich

三明治

l'escalope

炸猪排

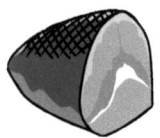

le jambon

火腿

le salami

萨拉米

la saucisse

香肠

le poulet

鸡肉

le rôti

烤肉

le poisson

鱼

les flocons d'avoine

燕麦片

le muesli

穆兹利

les cornflakes

玉米片

la farine

面粉

le croissant

羊角面包

les petits-pains

面包卷

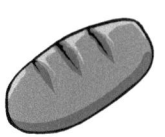

le pain

面包

le pain grillé

烤面包

les biscuits

饼干

le beurre

黄油

le fromage blanc

凝乳

le gâteau

蛋糕

l'œuf

蛋

l'œuf au plat

煎蛋

le fromage

奶酪

la glace

冰激凌

le sucre

糖

le miel

蜂蜜

la confiture

果酱

la crème nougat

巧克力酱

le curry

咖喱饭

la ferme

农场

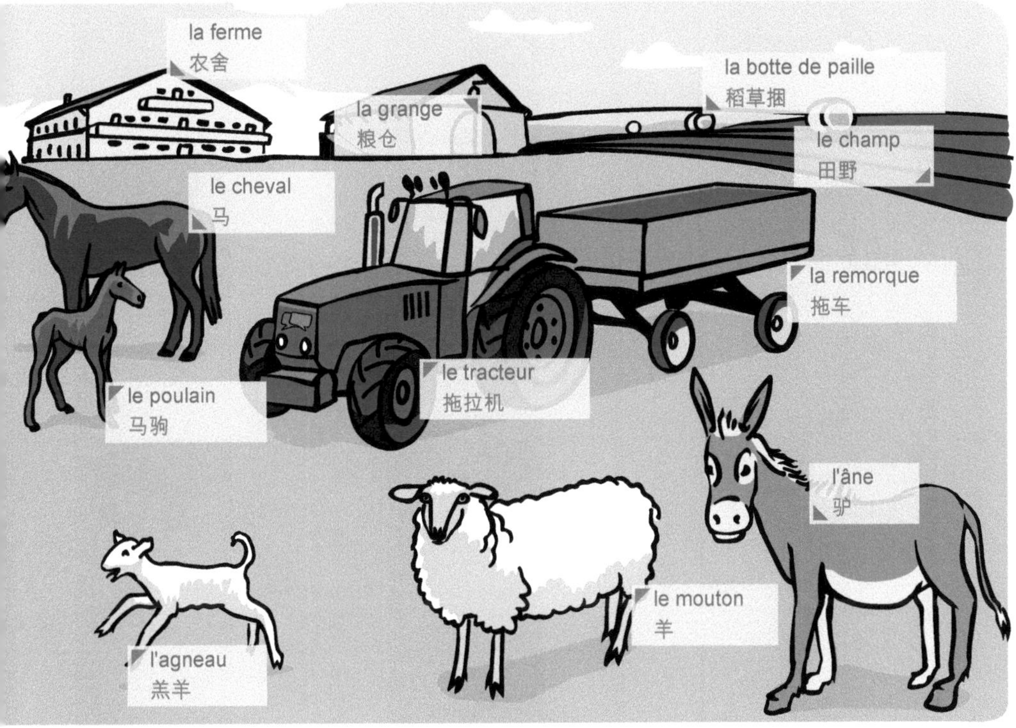

la ferme
农舍
la botte de paille
稻草捆
la grange
粮仓
le champ
田野
le cheval
马
la remorque
拖车
le tracteur
拖拉机
le poulain
马驹
l'âne
驴
le mouton
羊
l'agneau
羔羊

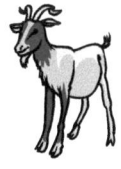

la chèvre

山羊

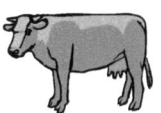

la vache

奶牛

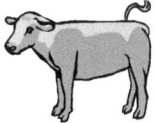

le veau

牛犊

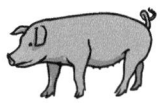

le porc

猪

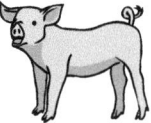

le porcelet

小猪

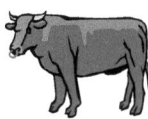

le taureau

公牛

l'oie

鹅

le canard

鸭

le poussin

小鸡

la poule

母鸡

le coq

公鸡

le rat

鼠

le chat

猫

la souris

老鼠

le bœuf

牛

le chien

狗

le chenil

狗屋

le tuyau de jardin

花园浇水软管

l'arrosoir

洒水壶

la faucheuse

长柄大镰刀

la charrue

犁

la faucille

镰刀

la pioche

锄头

la fourche

长柄草耙

la hache

斧头

la brouette

独轮手推车

la cuve

饲料槽

le pot à lait

牛奶罐

le sac

麻布袋

la clôture

栅栏

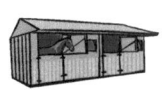

l'étable

马厩

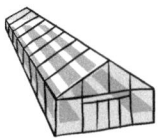

le serre

温室

le sol

土壤

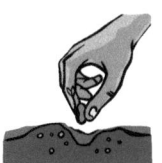

les semences

种子

l'engrais

肥料

la moissonneuse-batteuse

联合收割机

récolter

收割

la récolte

收割

l'igname

山药

le blé

小麦

le soja

大豆

la pomme de terre

土豆

le maïs

玉米

le colza

油菜籽

l'arbre fruitier

果树

le manioc

树薯

les céréales

谷物

la maison

房子

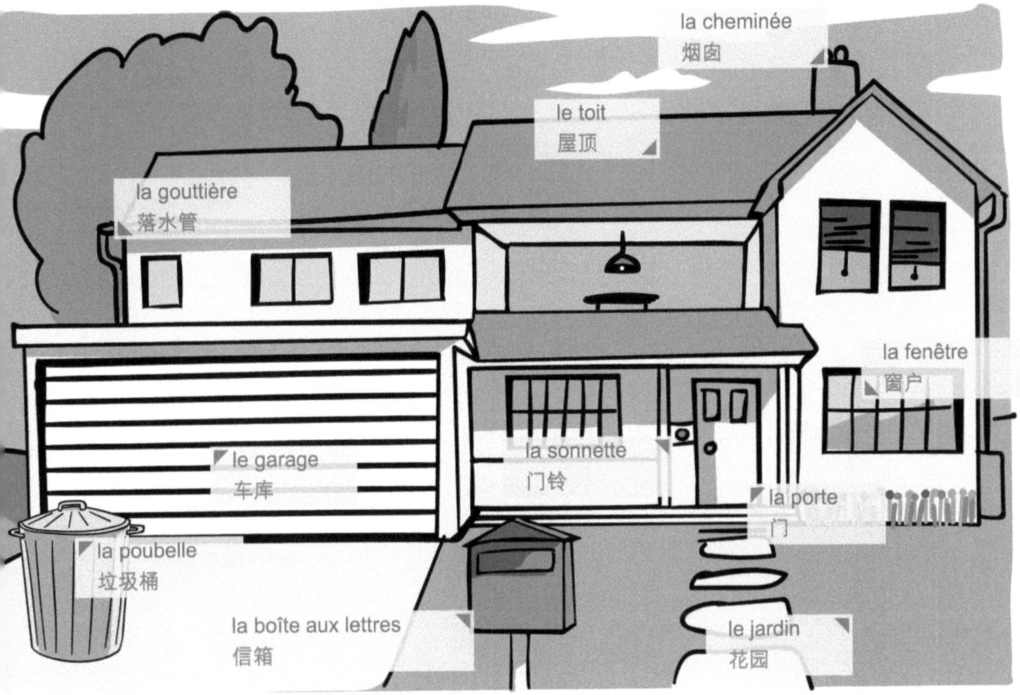

la cheminée
烟囱
le toit
屋顶
la gouttière
落水管
la fenêtre
窗户
le garage
车库
la sonnette
门铃
la porte
门
la poubelle
垃圾桶
la boîte aux lettres
信箱
le jardin
花园

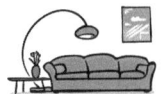

le salon

客厅

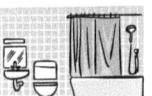

la salle de bain

浴室

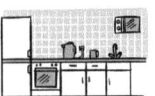

la cuisine

厨房

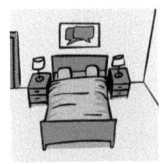

la chambre à coucher

卧室

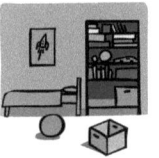

la chambre d'enfant

儿童房

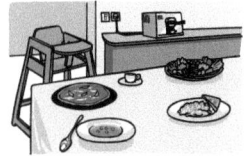

la salle à manger

餐厅

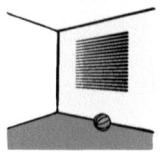

le sol
地板

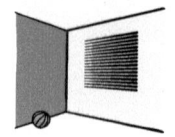

le mur
墙壁

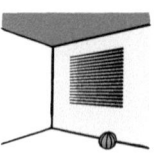

le plafond
吊顶

la cave
地窖

le sauna
桑拿

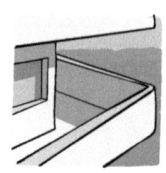

le balcon
阳台

la terrasse
露台

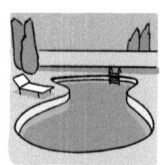

la piscine
游泳池

la tondeuse à gazon
割草机

la housse
被单

la couette
床罩

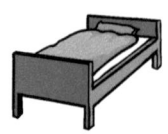

le lit
床

le balai
扫帚

le sceau
水桶

l'interrupteur
开关

le salon
客厅

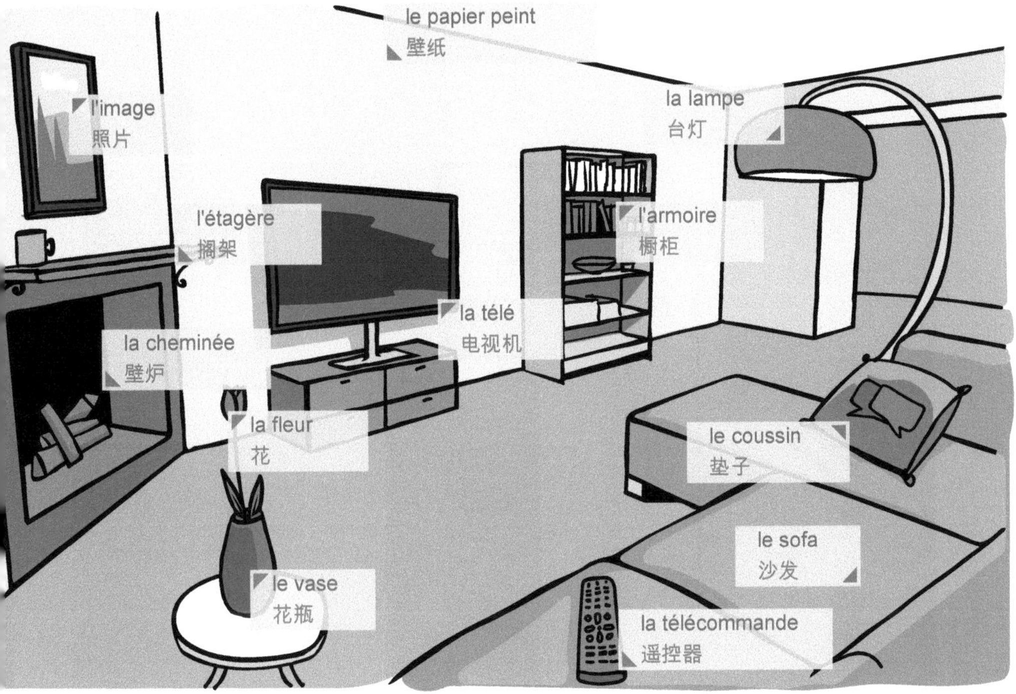
le papier peint
壁纸
l'image
照片
la lampe
台灯
l'étagère
搁架
l'armoire
橱柜
la télé
电视机
la cheminée
壁炉
la fleur
花
le coussin
垫子
le sofa
沙发
le vase
花瓶
la télécommande
遥控器

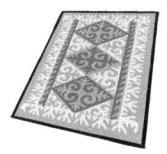

le tapis

地毯

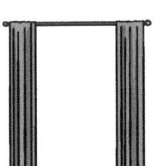

le rideau

窗帘

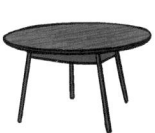

la table

餐桌

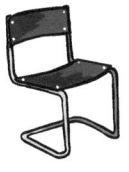

la chaise

椅子

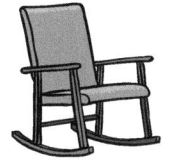

la chaise à bascule

摇椅

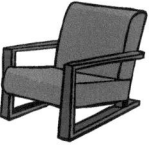

le fauteuil

扶手椅

le livre

书

la couverture

毯子

la décoration

装饰品

le bois de chauffage

木柴

le film

电影

la chaîne hi-fi

高保真音响

la clé

钥匙

le journal

报纸

la peinture

油画

le poster

海报

la radio

收音机

le bloc-notes

笔记本

l'aspirateur

吸尘器

le cactus

仙人掌

la bougie

蜡烛

la cuisine
厨房

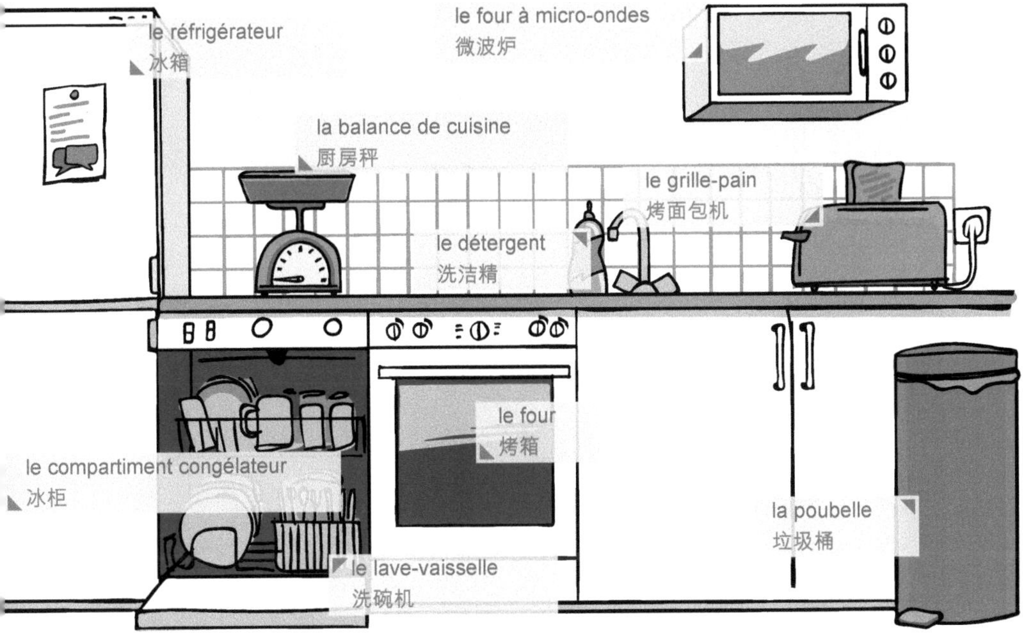
le réfrigérateur
冰箱
le four à micro-ondes
微波炉
la balance de cuisine
厨房秤
le grille-pain
烤面包机
le détergent
洗洁精
le four
烤箱
le compartiment congélateur
冰柜
la poubelle
垃圾桶
le lave-vaisselle
洗碗机

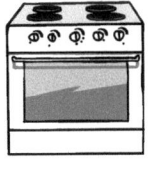

le four

炊具

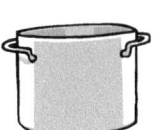

la casserole

锅

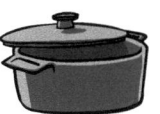

la marmite

铸铁锅

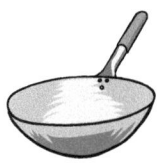

le wok / kadai

炒锅

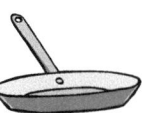

la poêle

平底锅

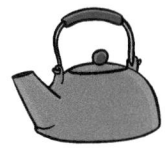

la bouilloire electrique

水壶

le cuiseur vapeur

蒸锅

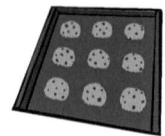

la plaque de cuisson

烤盘

la vaisselle

陶瓷锅

le gobelet

马克杯

la coupe

碗

les baguettes

筷子

la louche

长柄勺

la spatule

铲子

le fouet

搅拌器

la passoire

滤网

le tamis

筛子

la râpe

磨碎机

le mortier

研钵

le barbecue

烧烤

la cheminée

明火

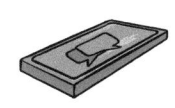

la planche à découper

菜板

le rouleau à pâtisserie

擀面杖

le tire-bouchon

开瓶器

la boîte

罐子

l'ouvre-boîte

开罐器

les maniques

隔热手套

le lavabo

水槽

la brosse

刷子

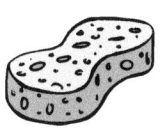

l'éponge

海绵

le mixeur

搅拌机

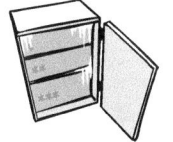

le congélateur

冷藏箱

le biberon

奶瓶

le robinet

水龙头

la salle de bain

浴室

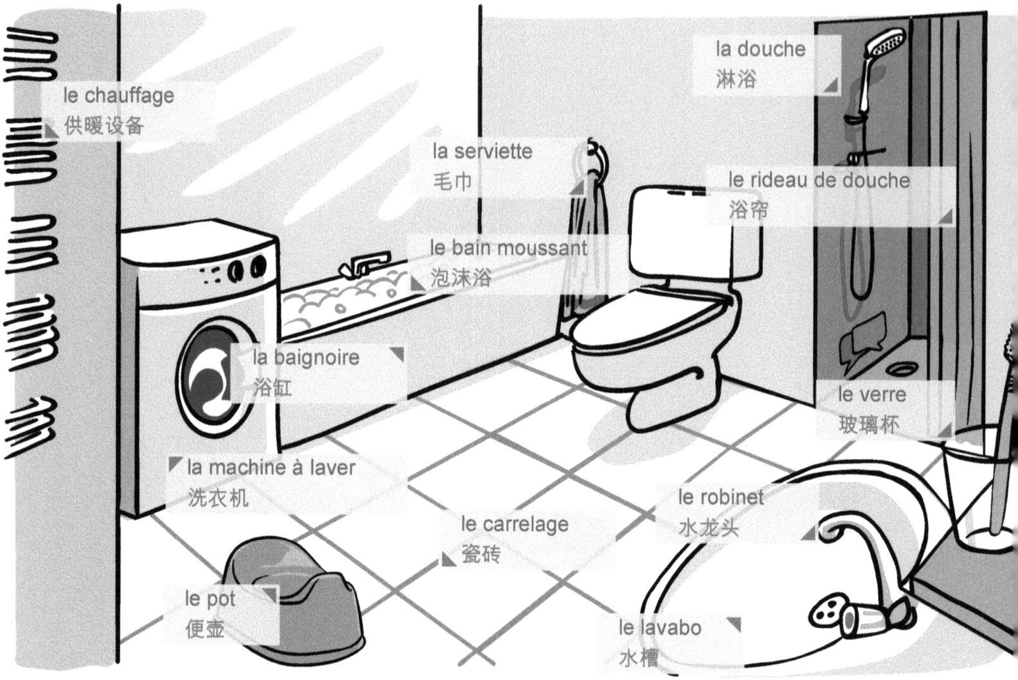

le chauffage
供暖设备

la douche
淋浴

la serviette
毛巾

le rideau de douche
浴帘

le bain moussant
泡沫浴

la baignoire
浴缸

le verre
玻璃杯

la machine à laver
洗衣机

le robinet
水龙头

le carrelage
瓷砖

le pot
便壶

le lavabo
水槽

les toilettes

厕所

la toilette à la turque

蹲便器

le bidet

坐浴器

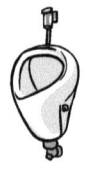

l'urinoir

小便池

le papier toilette

厕纸

la brosse à toilette

马桶刷

la brosse à dents

牙刷

le dentifrice

牙膏

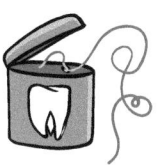

le fil dentaire

牙线

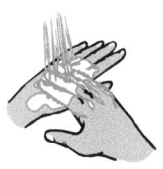

laver

洗

la douche manuelle

手持式喷淋头

la douche intime

冲洗器

la vasque

洗脸盆

la brosse dorsale

擦背刷

le savon

肥皂

le gel douche

沐浴露

le shampooing

洗发水

le gant de toilette

法兰绒

l'écoulement

排水

la crème

乳霜

le déodorant

除臭剂

le miroir

镜子

le miroir cosmétique

手镜

le rasoir

剃须刀

la mousse à raser

剃须泡沫

l'après-rasage

须后水

la peigne

梳子

la brosse

刷子

le sèche-cheveux

吹风机

la laque pour cheveux

喷发定型剂

le fond de teint

化妆品

le rouge à lèvres

唇膏

le vernis à ongles

指甲油

l'ouate

化妆棉

le coupe-ongles

指甲剪

le parfum

香水

la trousse de toilette
....
洗漱包

le tabouret
....
凳子

le pèse-personne
....
计重秤

le peignoir
....
浴袍

les gants de nettoyage
....
橡胶手套

le tampon
....
卫生棉条

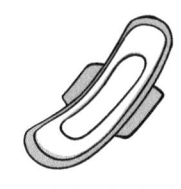

les serviettes hygiéniques
....
卫生巾

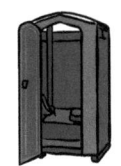

la toilette chimique
....
化学厕所

la chambre d'enfant

儿童房

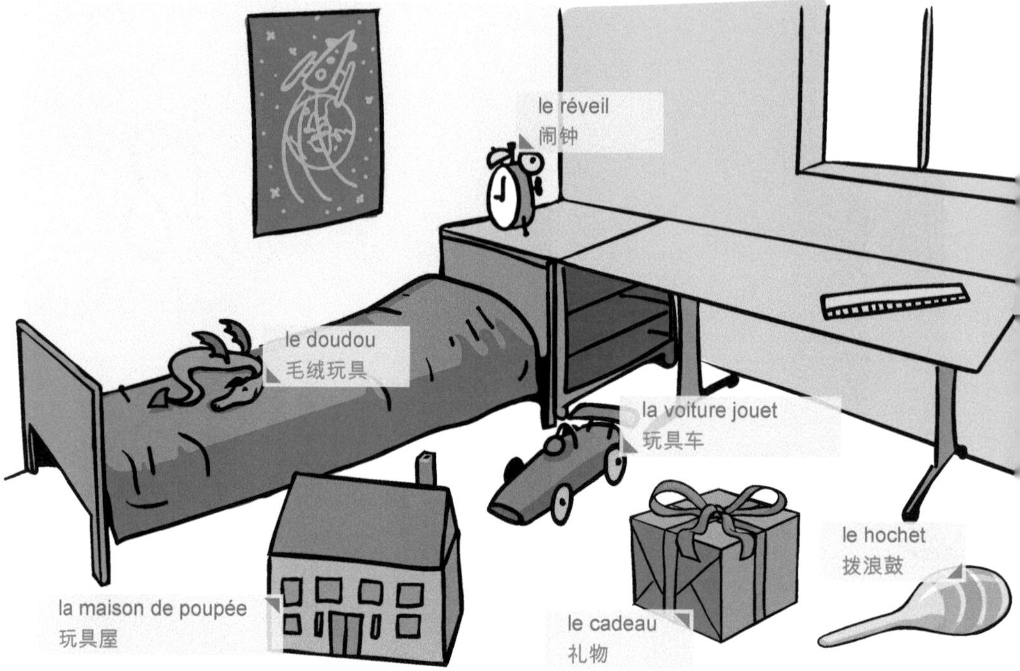

le réveil
闹钟
le doudou
毛绒玩具
la voiture jouet
玩具车
le hochet
拨浪鼓
la maison de poupée
玩具屋
le cadeau
礼物

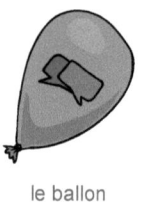

le ballon

气球

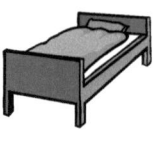

le lit

床

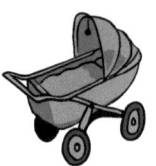

la poussette

（洋娃娃用）婴儿车

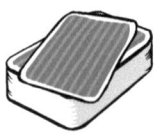

le jeu de cartes

扑克牌

le puzzle

拼图

SUPER
MEGA

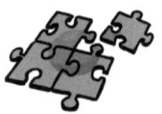

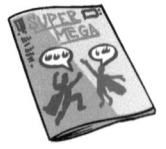

la bande dessinée

漫画

les pièces lego
乐高积木

les blocs de construction
积木玩具

la figurine
玩具人

la grenouillère
婴儿服

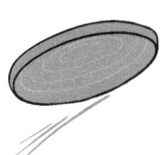

le frisbee
飞盘

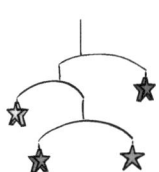

le mobile
床铃玩具

le jeu de société
棋盘游戏

le dé
骰子

le train miniature
火车模型

la sucette
安抚奶嘴

la fête
聚会

le livre d'images
绘本

la balle
球

la poupée
洋娃娃

jouer
玩

le bac à sable

沙坑

la balançoire

秋千

les jouets

玩具

la console de jeu

游戏机

le tricycle

三轮车

l'ours en peluche

泰迪熊

l'armoire

衣柜

les vêtements

衣服

les chaussettes

袜子

les bas

长袜

le collant

紧身裤

l'écharpe
围巾

le parapluie
雨伞

le t-shirt
T恤

la ceinture
皮带

les bottes
靴子

les pantoufles
拖鞋

les baskets
运动鞋

les sandales

凉鞋

les chaussures

鞋

les bottes de caoutchouc

雨靴

les sous-vêtements

内裤

le soutien-gorge

胸罩

le maillot de corps

背心

le body

身体

le pantalon

裤子

le jean

牛仔裤

la jupe

短裙

le chemisier

女式衬衫

la chemise

衬衫

le pull

套头衫

le sweat à capuche

卫衣

la veste

西装夹克

la veste

夹克

le manteau

外套

l'imperméable

雨衣

le costume

套装

la robe

连衣裙

la robe de mariée

婚纱

les vêtements - 衣服

le costume

西装

la chemise de nuit

睡袍

le pyjama

睡衣

le sari

莎丽

le foulard

头巾

le turban

包头巾

la burqa

波卡

le caftan

卡夫坦

l'abaya

(阿拉伯式)长袍

le maillot de bain

泳衣

le maillot de bain

男式泳裤

le short

短裤

la tenue d'entraînement

运动服

le tablier

围裙

les gants

手套

les vêtements - 衣服

le bouton

纽扣

les lunettes

眼镜

le bracelet

手链

le collier

项链

la bague

戒指

la boucle d'oreille

耳环

le bonnet

便帽

le cintre

衣架

le chapeau

帽子

la cravate

领带

la fermeture éclair

拉链

le casque

头盔

les bretelles

背带

l'uniforme scolaire

校服

l'uniforme

制服

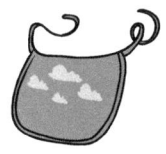

le bavoir

围兜

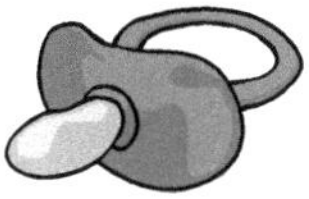

la sucette

安抚奶嘴

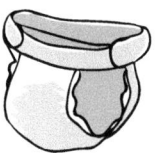

la lange

尿不湿

le bureau
办公室

le serveur
服务器
l'armoire d'archivage
文件柜
l'imprimante
打印机
le papier
纸
l'écran
显示屏
la souris
鼠标
le bureau
办公桌
le classeur
文件夹
le clavier
键盘
la chaise
椅子
la corbeille à papier
废纸篓
l'ordinateur
电脑

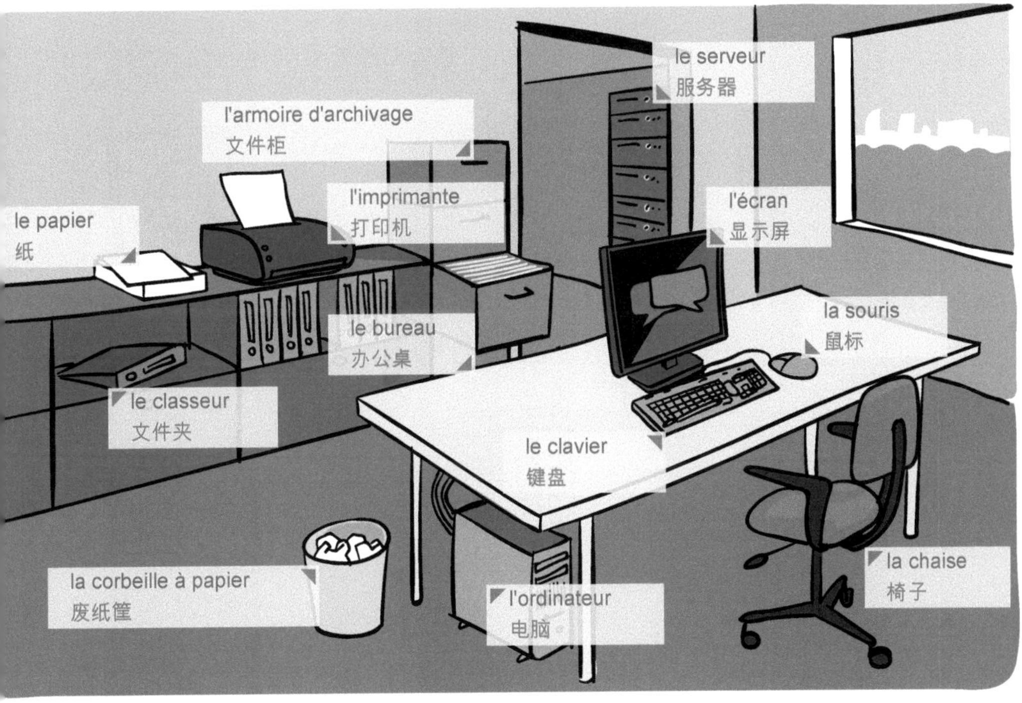

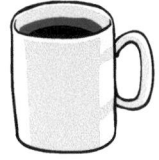

la tasse de café

咖啡杯

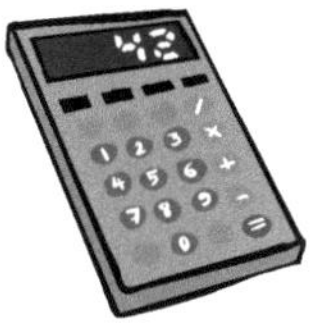

la calculatrice

计算器

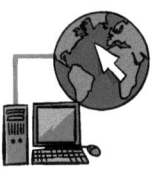

l'internet

因特网

l'ordinateur portable
笔记本电脑

la lettre
信件

le message
消息

le portable
手机

le réseau
网络

la photocopieuse
复印机

le logiciel
软件

le téléphone
电话

la prise
插座

le fax
传真机

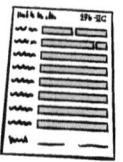

le formulaire
表格

le document
文件

acheter

买

payer

付钱

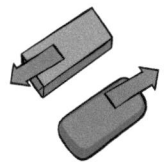

faire du commerce

交易

la monnaie

现金

le dollar

美元

l'euro

欧元

le yen

日元

le rouble

卢布

le franc suisse

瑞士法郎

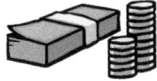

le renminbi yuan

人民币

la roupie

卢比

le distributeur automatique

提款处

le bureau de change

外币兑换处

l'or

金

l'argent

银

le pétrole

石油

l'énergie

能源

le prix

价格

le contrat

合同

la taxe

税金

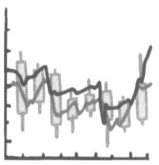

l'action

股票

travailler

工作

l'employé

职员

l'employeur

老板

l'usine

工厂

le magasin

商店

les professions

职业

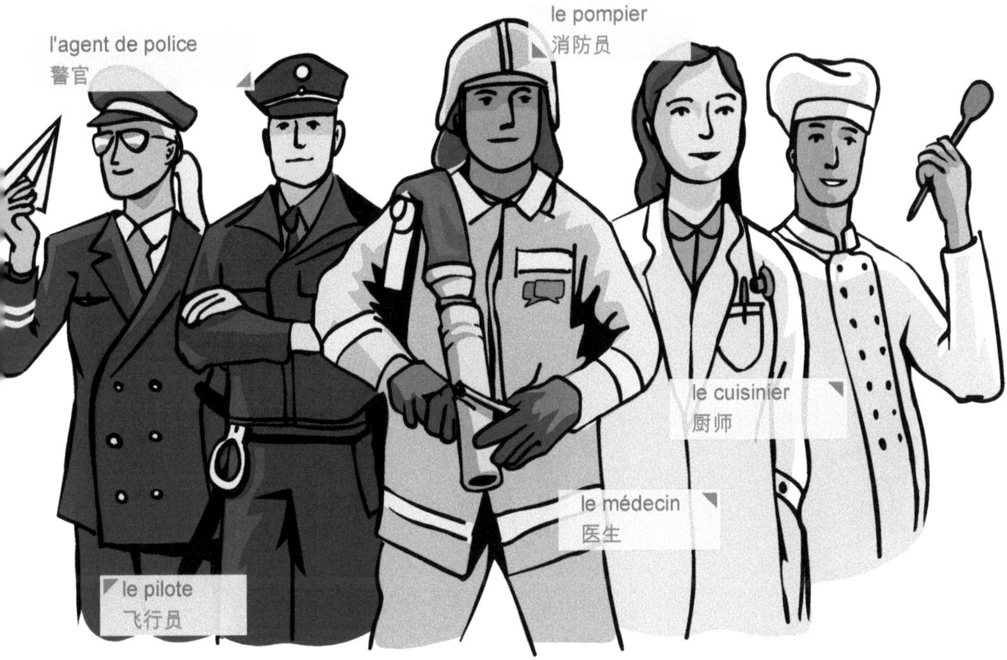

l'agent de police
警官
le pompier
消防员
le cuisinier
厨师
le médecin
医生
le pilote
飞行员

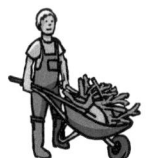

le jardinier

园丁

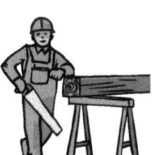

le menuisier

木匠

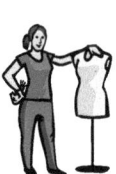

la couturière

裁缝

le juge

法官

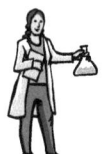

le chimiste

化学家

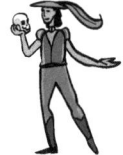

l'acteur

演员

le conducteur de bus

公交车司机

le chauffeur de taxi

出租车司机

le pêcheur

渔夫

la femme de ménage

清洁女工

le couvreur

屋顶工

le serveur

服务员

le chasseur

猎人

le peintre

画家

le boulanger

面包师

l'électricien

电工

l'ouvrier

建筑工人

l'ingénieur

工程师

le boucher

屠夫

le plombier

水管工

le facteur

邮递员

le soldat

士兵

l'architecte

建筑师

le caissier

收银员

le fleuriste

花农

le coiffeur

理发师

le contrôleur

售票员

le mécanicien

机械师

le capitaine

船长

le dentiste

牙医

le scientifique

科学家

le rabbin

拉比

l'imam

伊玛目

le moine

和尚

le prêtre

牧师

les outils

工具

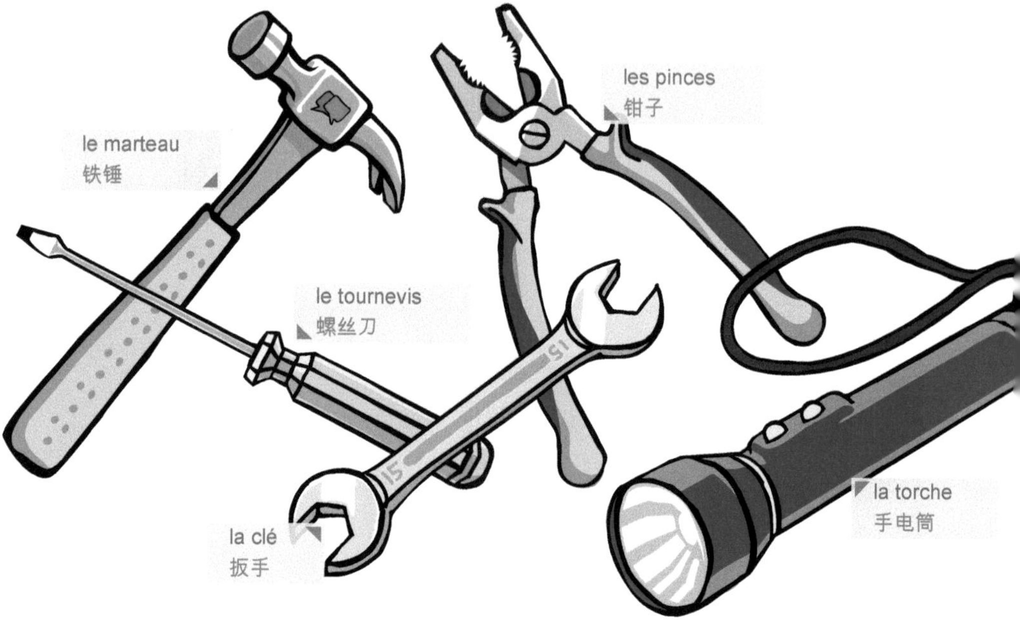
les pinces
钳子
le marteau
铁锤
le tournevis
螺丝刀
la clé
扳手
la torche
手电筒

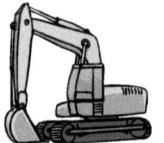

la pelleteuse
挖掘机

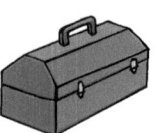

la boîte à outils
工具箱

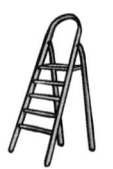

l'échelle
梯子

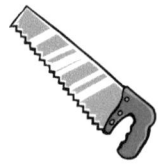

la scie
锯子

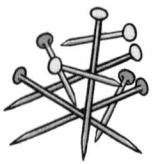

les clous
钉子

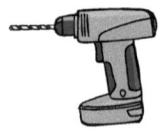

la perceuse
钻机

réparer

修

la pelle

铲子

Mince !

靠！

la pelle

簸箕

le pot de peinture

油漆桶

les vis

螺丝

les instruments de musique

乐器

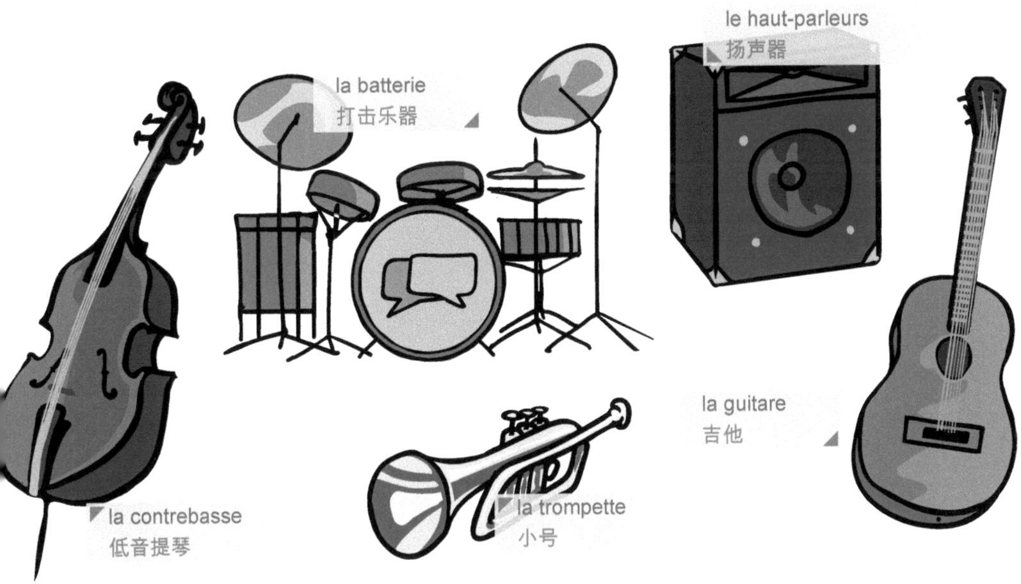

le haut-parleurs
扬声器

la batterie
打击乐器

la guitare
吉他

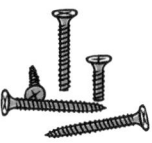

la trompette
小号

la contrebasse
低音提琴

le piano

钢琴

le violon

小提琴

la basse

贝斯

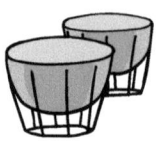

les timbales

定音鼓

le tambour

鼓

le piano électrique

电子琴

le saxophone

萨克斯管

la flûte

长笛

le microphone

麦克风

le zoo

动物园

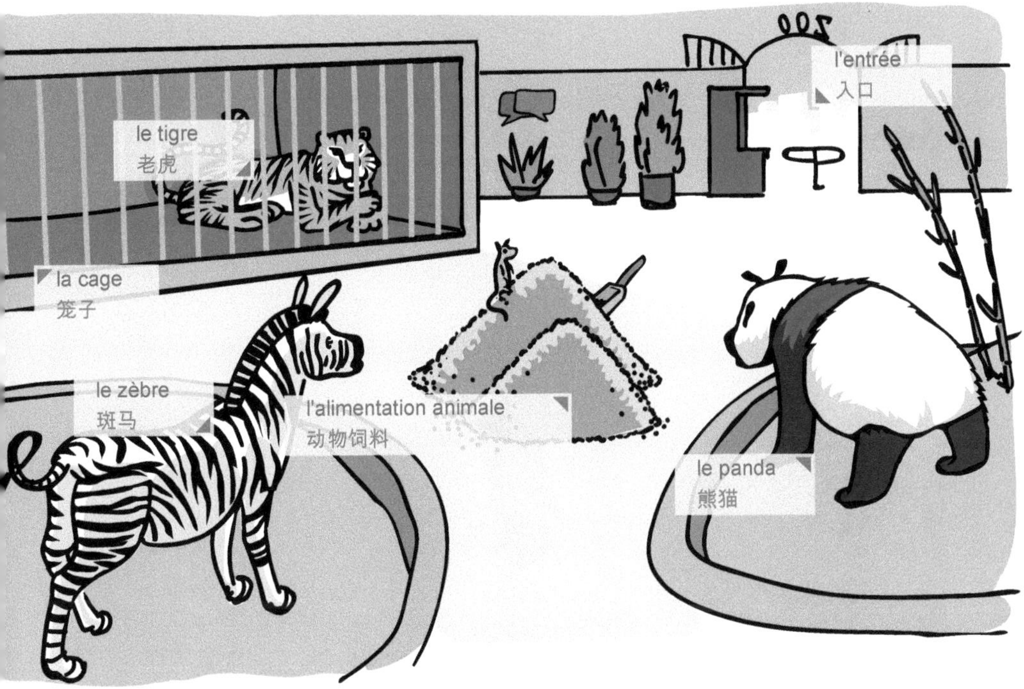

ZOO
l'entrée
入口
le tigre
老虎
la cage
笼子
le zèbre
斑马
l'alimentation animale
动物饲料
le panda
熊猫

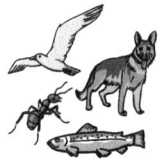

les animaux

动物

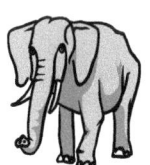

l'éléphant

大象

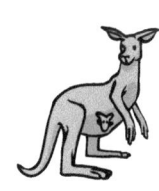

le kangourou

袋鼠

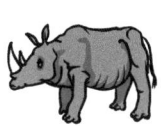

le rhinocéros

犀牛

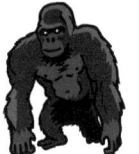

le gorille

大猩猩

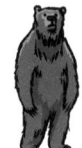

l'ours

熊

le chameau

骆驼

l'autruche

鸵鸟

le lion

狮子

le singe

猴子

le flamand rose

火烈鸟

le perroquet

鹦鹉

l'ours polaire

北极熊

le pingouin

企鹅

le requin

鲨鱼

le paon

孔雀

le serpent

蛇

le crocodile

鳄鱼

le gardien de zoo

动物园管理员

le phoque

海豹

le jaguar

美洲豹

le poney

矮种马

le léopard

豹

l'hippopotame

河马

la girafe

长颈鹿

l'aigle

老鹰

le sanglier

野猪

le poisson

鱼

la tortue

龟

le morse

海象

le renard

狐狸

la gazelle

羚羊

l'american Football
橄榄球

le cyclisme
骑自行车

le tennis
网球

le basket-ball
篮球

la natation
游泳

la boxe
拳击

le hockey sur glace
冰球

le football
英式足球

le badminton
羽毛球

l'athlétisme
田径

le handball
手球

le ski
滑雪

le polo
马球

sauter
跳

rire
笑

embrasser
拥抱

marcher
走路

chanter
唱

rêver
做梦

prier
祈祷

faire la bise
亲吻

écrire
书写

dessiner
画

montrer
展示

pousser
推

donner
给

prendre
拿

avoir

有

faire

做

être

当

être debout

站

courir

跑

trier

拉

jeter

扔

tomber

摔倒

être couché

躺

attendre

等待

porter

携带

être assis

坐

s'habiller

穿衣

dormir

睡觉

se réveiller

醒来

regarder

看

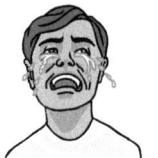

pleurer

哭

caresser

抚摸

peigner

梳头

parler

交谈

comprendre

明白

demander

问

écouter

听

boire

喝

manger

吃

ranger

清理

aimer

爱

cuire

做饭

conduire

开车

voler

飞

les activités - 活动

65

faire de la voile

航行

calculer

计算

lire

读

apprendre

学习

travailler

工作

se marier

结婚

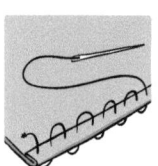

coudre

缝

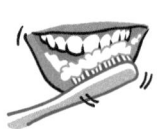

brosser les dents

刷牙

tuer

杀

fumer

抽烟

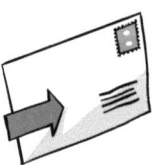

envoyer

寄

la famille
家

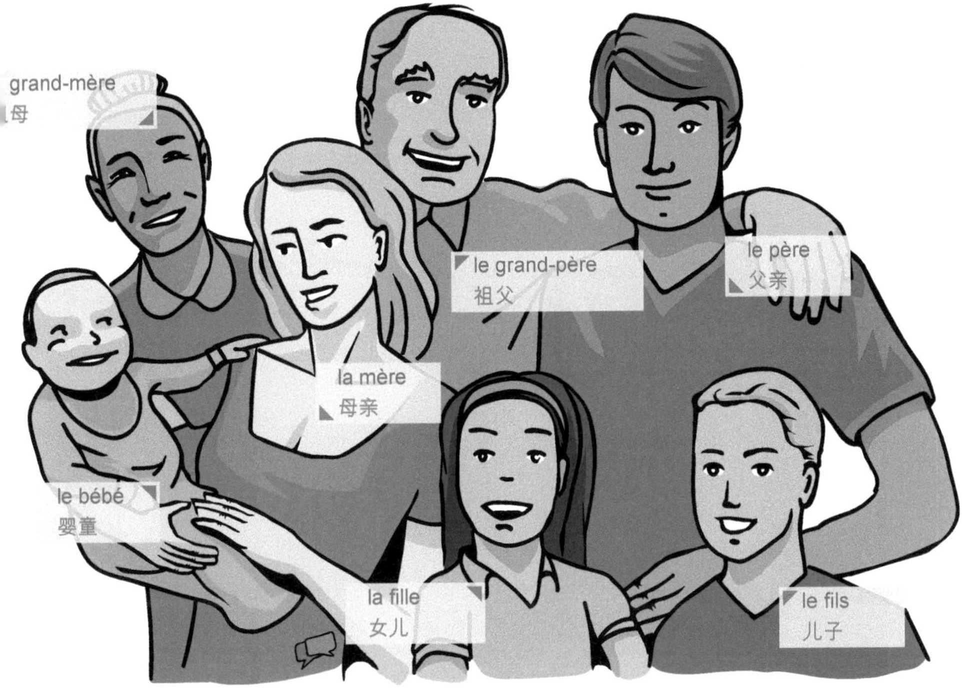
grand-mère
母
le grand-père
祖父
le père
父亲
la mère
母亲
le bébé
婴童
la fille
女儿
le fils
儿子

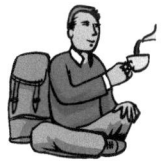

l'hôte
客人

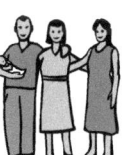

la tante
阿姨

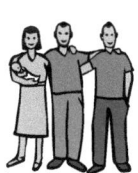

l'oncle
叔叔

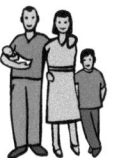

le frère
兄弟

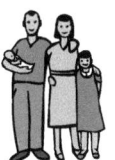

la sœur
姐妹

le corps
身体

le front
前额
l'œil
眼睛
l'épaule
肩膀
le doigt
手指
le visage
脸
le menton
下巴
la main
手
la poitrine
乳房
la jambe
腿
le bras
手臂

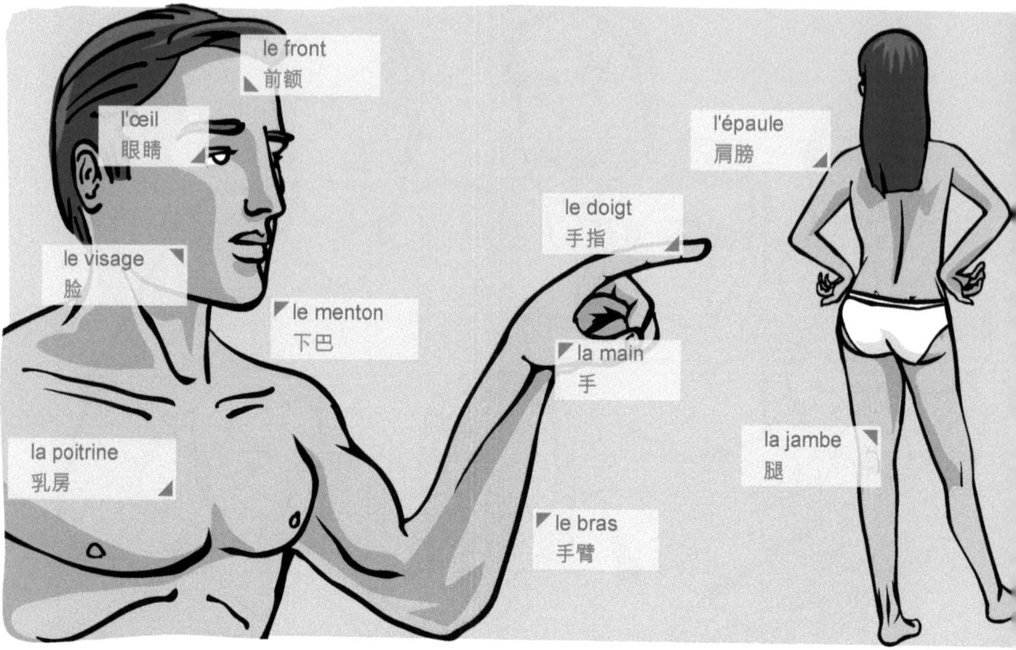

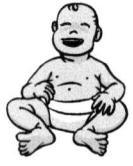

le bébé
婴童

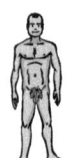

l'homme
男人

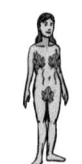

la femme
女人

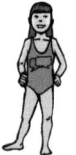

la fille
女孩

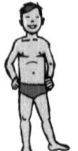

le garçon
男孩

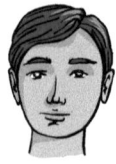

la tête
头

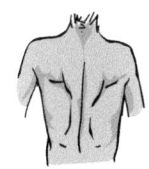

le dos

背部

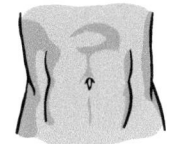

le ventre

肚子

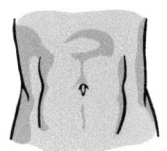

le nombril

肚脐

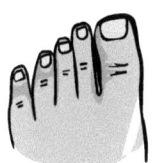

l'orteil

脚趾

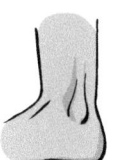

le talon

脚后跟

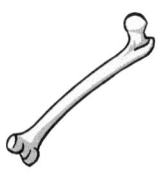

l'os

骨头

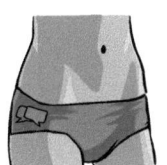

la hanche

臀部

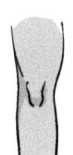

le genou

膝盖

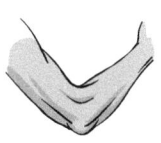

le coude

手肘

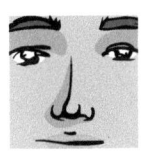

le nez

鼻子

les fesses

屁股

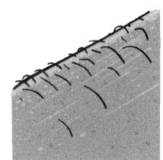

la peau

皮肤

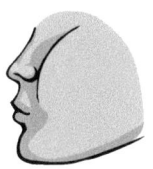

la joue

脸颊

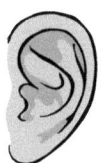

l'oreille

耳朵

la lèvre

嘴唇

le corps - 身体

la bouche
嘴

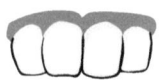

la dent
牙齿

la langue
舌头

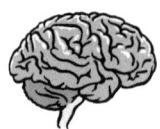

le cerveau
脑

le cœur
心脏

le muscle
肌肉

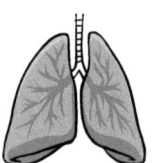

les poumons
肺

le foie
肝脏

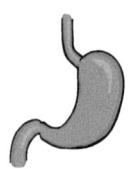

l'estomac
胃

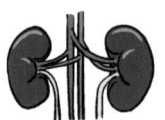

les reins
肾脏

le rapport sexuel
性交

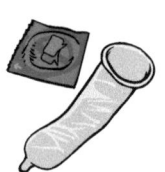

le préservatif
避孕套

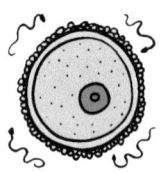

l'ovule
卵子

le sperme
精子

la grossesse
怀孕

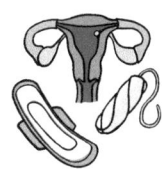

la menstruation

月经

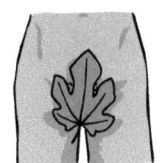

le vagin

阴道

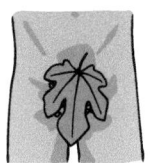

le pénis

阴茎

le sourcil

眉毛

les cheveux

头发

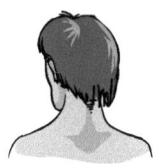

le cou

脖子

l'hôpital
医院

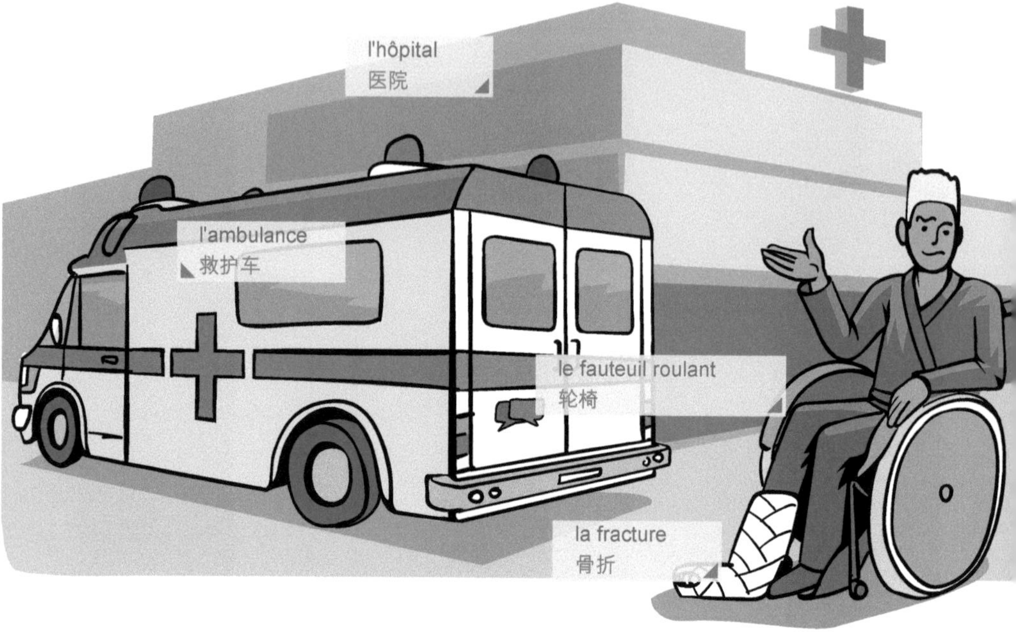

l'hôpital
医院
l'ambulance
救护车
le fauteuil roulant
轮椅
la fracture
骨折

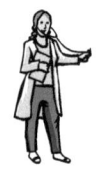

le médecin
医生

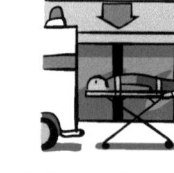

le service des urgences
急诊室

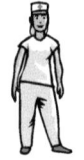

l'infirmière
护士

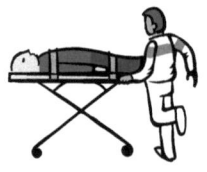

l'urgence
紧急情况

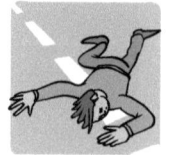

inconscient
昏迷

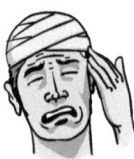

la douleur
痛

la blessure

受伤

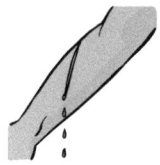

l'hémorragie

出血

la crise cardiaque

心脏病发作

l'attaque cérébrale

中风

l'allergie

过敏

la toux

咳嗽

la fièvre

发烧

la grippe

流感

la diarrhée

腹泻

le mal de tête

头痛

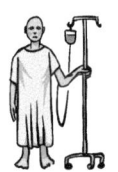

le cancer

癌症

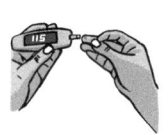

le diabète

糖尿病

le chirurgien

外科医生

le scalpel

手术刀

l'opération

手术

l'hôpital - 医院

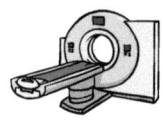

le CT

CT

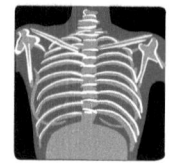

la radiographie

X光

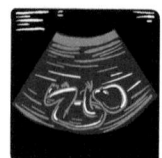

l'échographie

超声波

le masque

口罩

la maladie

疾病

la salle d'attente

候诊室

la béquille

拐杖

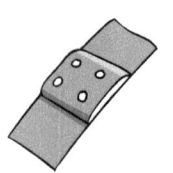

le pansement

石膏

le pansement

绷带

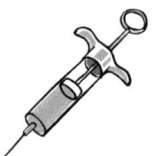

l'injection

注射

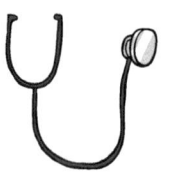

le stéthoscope

听诊器

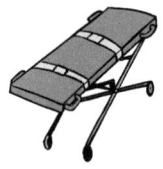

le brancard

担架

le thermomètre

体温计

l'accouchement

出生

la surcharge pondérale

超重

l'appareil auditif

助听器

le désinfectant

消毒液

l'infection

感染

le virus

病毒

le VIH / le sida

艾滋病

le médicament

药物

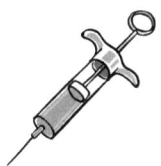

la vaccination

接种疫苗

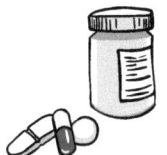

les comprimés

药片

la pilule

药丸

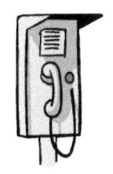

l'appel d'urgence

急救电话

le tensiomètre

血压计

malade / sain

生病/健康

Au secours !

救命！

l'alarme

警报

l'assaut

突击

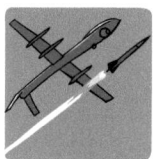

l'attaque

攻击

le danger

危险

la sortie de secours

紧急出口

Au feu!

着火啦！

l'extincteur

灭火器

l'accident

意外

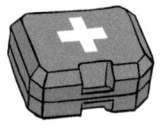

la trousse de premier
secours

急救箱

SOS

呼救信号

la police

警察

l'Europe

欧洲

l'Amérique du Nord

北美洲

l'Amérique du Sud

南美洲

l'Afrique

非洲

l'Asie

亚洲

l'Australie

澳洲

l'Océan atlantique

大西洋

l'Océan pacifique

太平洋

l'Océan indien

印度洋

l'Océan antarctique

南冰洋

l'Océan arctique

北冰洋

le Pôle nord

北极

le Pôle sud

南极

l'Antarctique

南极洲

la terre

地球

le pays

陆地

la mer

海

l'île

岛

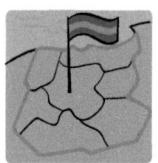

la nation

国家

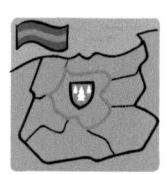

l'état

国家

le cadran

钟面

l'aiguille des heures

时针

l'aiguille des minutes

分针

l'aiguille des secondes

秒针

Quelle heure est-il ?

现在几点？

le jour

天

le temps

时间

maintenant

现在

la montre digitale

电子表

la minute

分

l'heure

时

la semaine

周

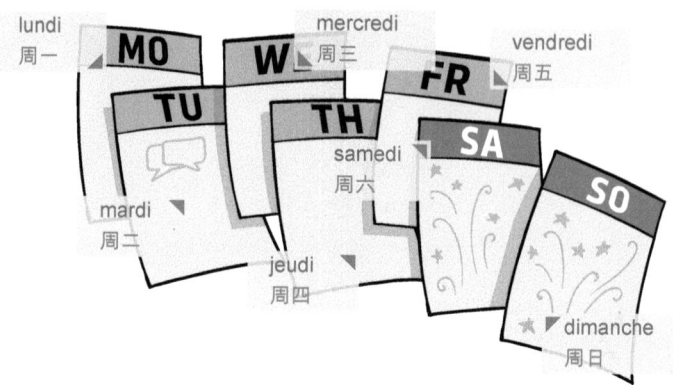

lundi 周一
mardi 周二
mercredi 周三
jeudi 周四
vendredi 周五
samedi 周六
dimanche 周日

hier

昨天

aujourd'hui

今天

demain

明天

le matin

早晨

le midi

中午

le soir

晚上

MO	TU	WE	TH	FR	SA	SU
1	2	3	4	5	6	7
8	9	10	11	12	13	14
15	16	17	18	19	20	21
22	23	24	25	26	27	28
29	30	31	1	2	3	4

les jours ouvrables

工作日

MO	TU	WE	TH	FR	SA	SU
1	2	3	4	5	6	7
8	9	10	11	12	13	14
15	16	17	18	19	20	21
22	23	24	25	26	27	28
29	30	31	1	2	3	4

le week-end

周末

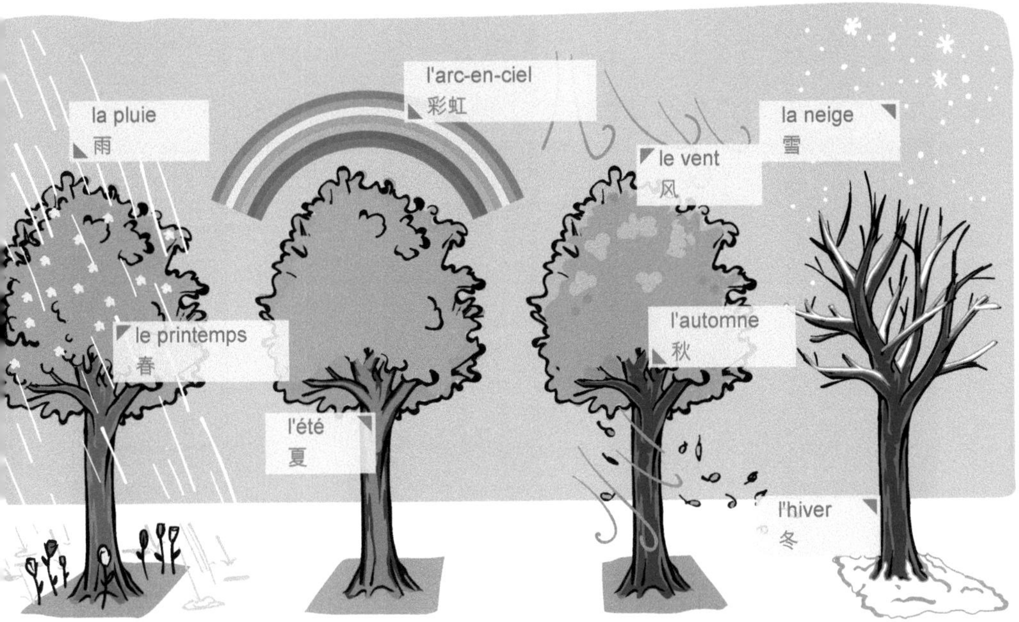

l'arc-en-ciel
彩虹
la pluie
雨
la neige
雪
le vent
风
le printemps
春
l'automne
秋
l'été
夏
l'hiver
冬

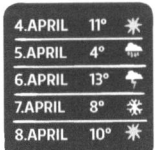

4.APRIL 11°
5.APRIL 4°
6.APRIL 13°
7.APRIL 8°
8.APRIL 10°

la météo
天气预报

F C
120 90 60 30 0 -30
40 30 20 10 0 -10 -20

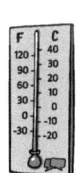

le thermomètre
温度计

la lumière du soleil
阳光

le nuage
云

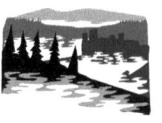

le brouillard
雾

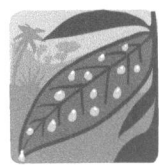

l'humidité
潮湿

la foudre

闪电

la tonnerre

打雷

la tempête

风暴

la grêle

冰雹

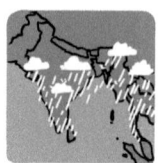

la mousson

季风

l'inondation

洪水

la glace

冰

janvier

一月

février

二月

mars

三月

avril

四月

mai

五月

juin

六月

juillet

七月

août

八月

septembre
....
九月

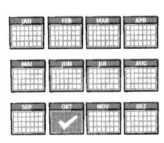

octobre
....
十月

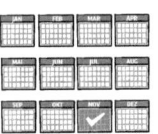

novembre
....
十一月

décembre
....
十二月

les formes

形状

le cercle
....
圆形

le carré
....
正方形

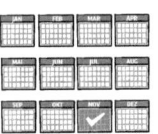

le rectangle
....
长方形

le triangle
....
三角形

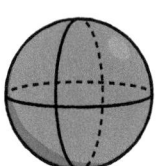

la sphère
....
球体

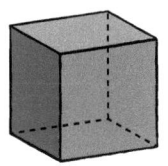

le cube
....
立方体

les couleurs

颜色

blanc

白

jaune

黄

orange

橙

rose

粉

rouge

红

violet

紫

bleu

蓝

vert

绿

marron

棕

gris

灰

noir

黑

beaucoup / peu

很多/少许

fâché / calme

生气/平静

joli / laid

美/丑

le début / la fin

首/尾

grand / petit

大/小

clair / obscure

明/暗

frère / soeur

兄弟/姐妹

propre / sale

干净/肮脏

complet / incomplet

完整/缺失

le jour / la nuit

白天/晚上

mort / vivant

死/生

large / étroit

宽/窄

comestible / incomestible

可食用/非食用

méchant / gentil

邪恶/善良

excité / ennuyé

兴奋/无聊

gros / mince

胖/瘦

le premier / le dernier

第一/最后

l'ami / l'ennemi

朋友/敌人

plein / vide

满/空

dur / souple

硬/软

lourd / léger

重/轻

faim / soif

饿/渴

malade / sain

生病/健康

illégal / légal

非法/合法

intelligent / stupide

聪明/愚笨

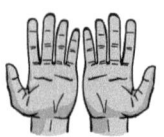

gauche / droite

左/右

proche / loin

近/远

nouveau / usé

新/旧

rien / quelque chose

没有/有些

vieux / jeune

老/幼

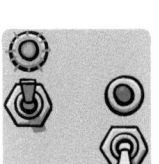

marche / arrêt

开/关

ouvert / fermé

打开/合上

faible / fort

安静/吵闹

riche / pauvre

富/穷

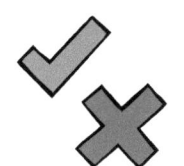

correct / incorrect

对/错

rugueux / lisse

粗糙/光滑

triste / heureux

伤心/高兴

court / long

短/长

lent / rapide

慢/快

mouillé / sec

湿/干

chaud / froid

温暖/凉爽

la guerre / la paix

战争/和平

0

zéro

零

1

un / une

一

2

deux

二

3

trois

三

4

quatre

四

5

cinq

五

6

six

六

7

sept

七

8

huit

八

9

neuf

九

10

dix

十

11

onze

十一

12

douze

十二

13

treize

十三

14

quatorze

十四

15

quinze

十五

16

seize

十六

17

dix-sept

十七

18

dix-huit

十八

19

dix-neuf

十九

20

vingt

二十

100

cent

百

1.000

mille

千

1.000.000

le million

百万

l'anglais

英语

l'anglais américain

美式英语

le chinois mandarin

普通话

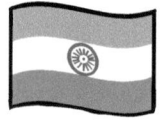

le hindi

印地语

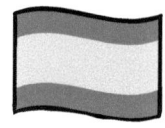

l'espagnol

西班牙语

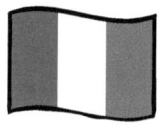

le français

法语

l'arabe

阿拉伯语

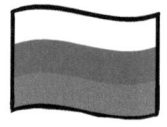

le russe

俄语

le portugais

葡萄牙语

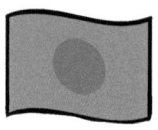

le bengali

孟加拉语

l'allemand

德语

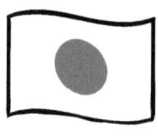

le japonais

日语

je

我

tu

你

il / elle / ce, c', cela

他/她/它

nous

我们

vous

你们

ils / elles

他们

Qui ?

谁？

Quoi ?

什么？

Comment ?

怎样？

Où ?

哪里？

Quand ?

什么时候？

le nom

名字

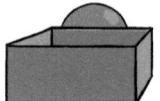

derrière

后面

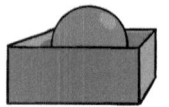

dans

里面

devant

前面

au-dessus

上方

sur

上面

en-dessous

下面

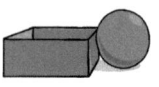

à côté de

旁边

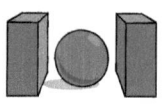

entre

中间

le lieu

地点